# IDÉES

## SUR

# L'ORGANISATION SOCIALE

PAR

## JAMES GUILLAUME

MEMBRE DE L'INTERNATIONALE

CHAUX-DE-FONDS
IMPRIMERIE COURVOISIER

1876

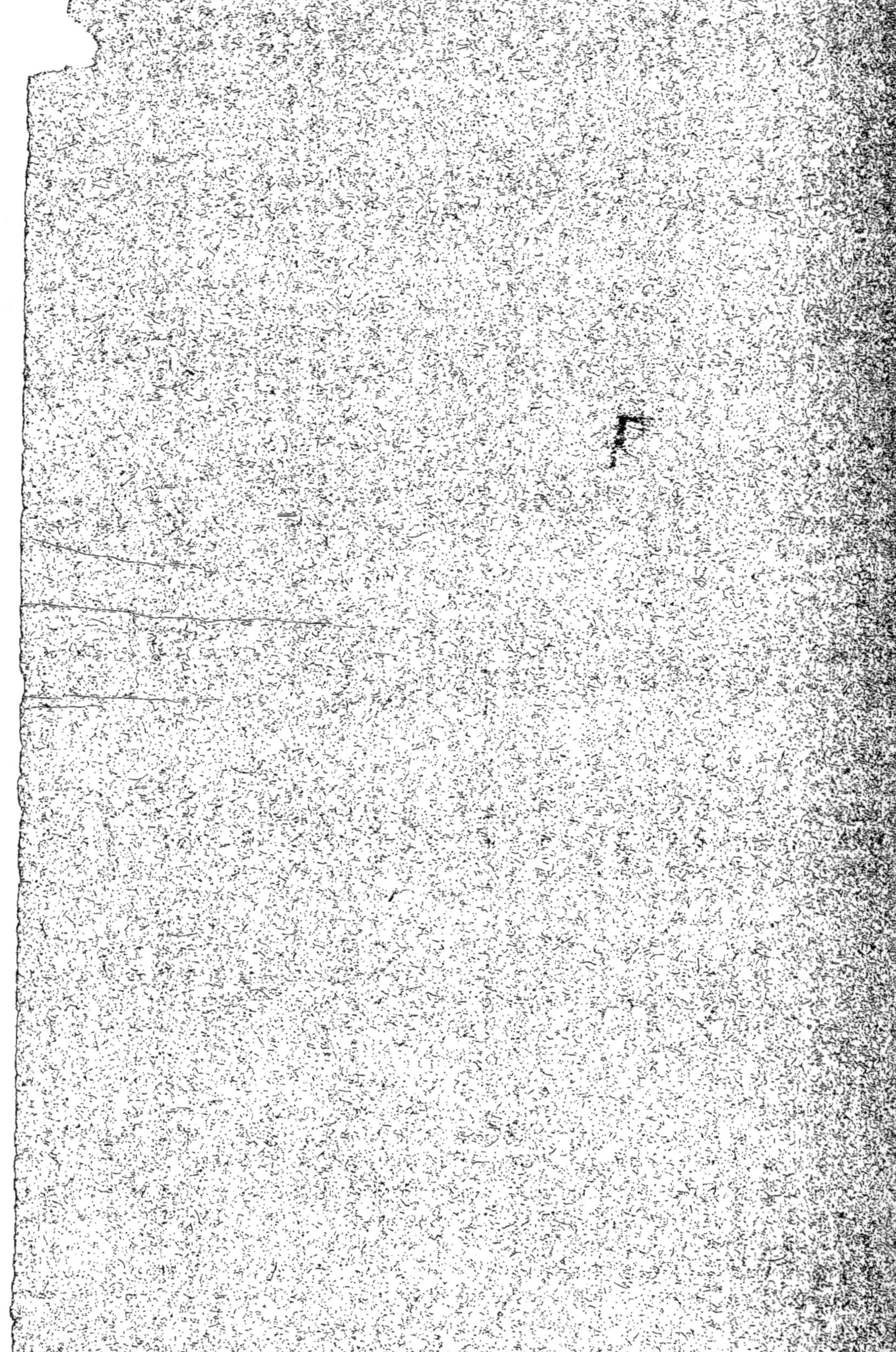

# IDÉES

SUR

# L'ORGANISATION SOCIALE

PAR

## JAMES GUILLAUME

MEMBRE DE L'INTERNATIONALE

CHAUX-DE-FONDS
IMPRIMERIE COURVOISIER
1876

Le travail que nous présentons au public so-
cialiste n'est pas le programme officiel d'un parti,
mais ce n'est pas non plus l'expression d'une
simple opinion individuelle. Partant des principes généralement admis aujourd'hui dans l'Internationale, l'auteur a essayé de les montrer
fonctionnant dans la pratique d'une société égalitaire et libre. Une fois son manuscrit achevé,
il l'a communiqué à un certain nombre de personnes qui toutes ont pris une part active à la
propagande révolutionnaire de ces dernières années ; et, tenant compte de leurs observations,
il a révisé plusieurs points de son travail conformément aux critiques qui lui avaient été adres-
sées. Aujourd'hui, pensant que la publication de
cet essai peut contribuer à jeter quelque lumière
sur des questions qui sont actuellement l'objet
de vives controverses, il soumet ces pages, écrites
à l'origine pour un cercle restreint d'amis, à
l'examen impartial de tous ceux qui s'intéressent
à la question sociale.

# I



Il ne manque pas de gens qui se disent socialistes, et qui prétendent que la transformation sociale doit s'opérer par degrés, sans brusques secousses; l'idée d'une révolution qui se donnerait pour programme de changer du jour au lendemain les bases de l'ordre établi, est contraire à la nature même des choses, disent-ils; le progrès lent et continu, voilà la loi du développement humain, loi que nous enseigne l'histoire et à laquelle des impatients, avides de coups de théâtre et de changements à vue, se flatteraient en vain de soustraire la société moderne.

Ceux qui raisonnent ainsi confondent deux choses très différentes.

Certes, ce n'est pas nous, matérialistes, qui méconnaîtrons cette grande vérité, la base même de notre théorie sur le développement des êtres animés : à savoir que les changements, dans la nature, ne s'opèrent point par brusques sauts, mais par un mouvement continu et presque insensible. Nous savons que ce n'est pas en un jour que l'homme est sorti de l'animalité, et que tout changement, tout progrès demande du temps pour s'accomplir.

Cette loi s'applique aujourd'hui même sous nos yeux :

la société moderne subit une transformation lente, de
idées nouvelles s'infiltrent dans les masses, des besoin
nouveaux réclament satisfaction, de nouveaux et puis
sants moyens d'action sont mis tous les jours à la dispo
sition de l'humanité. Cette transformation s'accompl
peu à peu, c'est une évolution insensible et graduelle
tout-à-fait conforme à la théorie scientifique, mai
chose dont ceux à qui nous répondons ici ne tienne
pas compte, l'évolution en question n'est pas libre, el
rencontre une opposition souvent violente; les inté
rêts anciens qui se trouvent lésés, la force de résistan
qu'oppose l'ordre établi, mettent obstacle à l'expansio
normale des idées nouvelles; celles-ci ne peuvent s
produire à la surface, elles sont refoulées, et leur opé
ration, au lieu d'être complète, est forcément réduit
un travail de transformation intérieure, qui peut dur
de longues années avant de devenir apparent. Extérieu
rement, rien ne semble changé; la forme sociale e
restée la même, les vieilles institutions sont debout
mais il s'est produit, dans les régions intimes de l'êt
collectif, une fermentation, une désagrégation qui a a
téré profondément les conditions mêmes de l'existen
sociale, ensorte que la forme extérieure n'est plus l'ex
pression vraie de la situation. Au bout d'un certai
temps, la contradiction devenant toujours plus sensibl
entre les institutions sociales, qui se sont maintenue
et les besoins nouveaux, un conflit est inévitable, u
révolution éclate.

Ainsi, l'œuvre de transformation a été bien réellemen
graduelle et progressive; mais, gênée dans ses allure
elle n'a pu s'accomplir d'une façon régulière et modi
fier au fur et à mesure les organes sociaux, elle res

forcément incomplète, jusqu'au jour où les forces nouvelles se trouvant, par une accumulation successive d'accroissements constants, en état de surmonter la résistance des forces anciennes, une crise se produit, et les obstacles sont emportés.

Ce n'est pas en un jour que le flot grossit au point de rompre la digue qui le contient ; l'eau monte par degrés, lentement ; mais une fois qu'elle a atteint le niveau voulu, la débâcle est subite, et la digue s'écroule en un clin d'œil.

Il y a donc deux faits successifs, dont le second est la conséquence nécessaire du premier : d'abord, la transformation lente des idées, des besoins, des moyens d'action au sein de la société ; puis, quand le moment est venu où cette transformation est assez avancée pour passer dans les faits d'une manière complète, il y a la crise brusque et décisive, la *révolution*, qui n'est que le dénouement d'une longue *évolution*, la manifestation subite d'un changement dès longtemps préparé et devenu inévitable.

Il ne viendra à l'esprit d'aucun homme sérieux d'indiquer à l'avance les voies et moyens par lesquels doit s'accomplir la révolution, prologue indispensable de la rénovation sociale. Une révolution est un fait naturel, et non l'acte d'une ou de plusieurs volontés individuelles : elle ne s'opère pas en vertu d'un plan préconçu, elle se produit sous l'impulsion incontrôlable de nécessités auxquelles nul ne peut commander.

Qu'on n'attende donc pas de nous l'indication d'un plan de campagne révolutionnaire ; nous laissons cet enfantillage à ceux qui croient encore à la possibilité et a l'efficacité d'une dictature personnelle pour accomplir l'œuvre de l'émancipation humaine.

Nous nous bornerons à indiquer brièvement quel est le caractère que nous désirons voir prendre à la révolution, pour éviter qu'elle ne retombe dans les errements du passé.

Ce caractère doit être avant tout négatif, destructif. Il ne s'agit pas d'améliorer certaines institutions du passé pour les adapter à une société nouvelle, mais de les supprimer. Ainsi, suppression radicale du gouvernement, de l'armée, des tribunaux, de l'église, de l'école, de la banque, et de tout ce qui s'y rattache.

En même temps, la révolution a un côté positif: c'est la prise de possession des instruments de travail et de tout le capital par les travailleurs.

Nous devons expliquer comment nous entendons cette prise de possession.

Parlons d'abord de la terre et des paysans.

Dans plusieurs pays, mais particulièrement en France, les bourgeois et les prêtres ont cherché à tromper et à effrayer les paysans, en leur disant que la révolution voulait leur prendre leurs terres.

C'est là un indigne mensonge des ennemis du peuple. La Révolution veut faire tout le contraire; elle veut prendre les terres des bourgeois, des nobles et des prêtres, pour les donner à ceux des paysans qui n'en ont pas.

Si une terre appartient à un paysan, et que ce paysan la cultive lui-même, la révolution n'y touchera pas. Au contraire, elle lui en garantira la libre possession, et l'affranchira de toutes les charges qui pesaient sur elle. Cette terre qui payait l'impôt au fisc, et qui était grevée de lourdes hypothèques, la révolution l'émancipera comme elle émancipe le travailleur : plus d'impôts, plus d'hypothèques ; la terre est redevenue libre comme l'homme !

Quant aux terres des bourgeois, des nobles, du clergé, aux terres que le pauvre peuple des campagnes a cultivées jusqu'à ce jour pour ses maîtres, celles-là la révolution les reprend à ceux qui les avaient volées, et elle les rend à leurs propriétaires légitimes, à ceux qui les cultivent.

Comment la révolution fera-t-elle pour enlever la terre à la bourgeoisie, aux exploiteurs, et pour la donner aux paysans ?

Jusqu'à présent, quand les bourgeois faisaient une révolution politique, quand ils exécutaient un de ces mouvements dont le résultat était seulement un changement de maîtres pour le peuple, ils avaient l'habitude de publier des décrets annonçant au pays la volonté du nouveau gouvernement ; le décret était affiché dans les communes, et le préfet, les tribunaux, le maire, les gendarmes, le faisaient exécuter.

La révolution vraiment populaire ne suivra pas cet exemple ; elle ne rédigera pas de décrets, elle ne réclamera pas les services de la police et de l'administration gouvernementale. Ce n'est pas avec des *décrets*, avec des paroles écrites sur du papier, qu'elle veut émanciper le peuple, mais avec des *actes*.

Ainsi, paysans, si des gens viennent vous dire :

« Qui vous a permis d'agir ? qui vous a donné le droit de prendre des terres ? attendez le décret du gouvernement révolutionnaire ! »

Regardez ces gens-là comme des imbéciles ou comme

des traîtres ; car la Révolution n'aura point de gouvernement, la Révolution ne rédigera point de décret.

Dès que le tocsin de la Révolution aura sonné, agissez, comme l'ont fait les paysans français en juillet 1789, sans attendre les ordres de personne. Prenez possession de vos terres, de ces terres que depuis tant de siècles vos ancêtres ont arrosées de leurs sueurs, et une fois que vous les tiendrez, ne les lâchez plus, et faites-vous tuer jusqu'au dernier avant de laisser reprendre par vos exploiteurs ce sol qui est à vous et que la révolution vous restitue.

Ce que nous disons aux paysans, nous le disons également aux ouvriers. La prise de possession immédiate des ateliers, des machines, des matières premières, des immeubles, de tout le capital en un mot, doit être exécutée directement par les travailleurs ; qu'ils n'attendent pas qu'un pouvoir quelconque vienne consacrer leurs droits par des *décrets ;* qu'ils les affirment eux-mêmes, et sur-le-champ, par des *actes.*

Ainsi, tandis que la Révolution jacobine tient le peuple en tutelle et substitue à sa volonté celle d'un gouvernement, la révolution telle que nous espérons la voir s'accomplir, n'est autre chose que l'exécution directe des volontés des groupes de travailleurs par les intéressés eux-mêmes.

Prenant pour point de départ le *fait révolutionnaire,* qui aura remis le capital entre les mains du travail qui l'a produit, nous allons maintenant exposer l'organisation qui, selon nous, doit spontanément éclore de la nécessité même des choses au sein de la société révolutionnée.

## II

Nous examinerons, dans ce chapitre, la manière dont doivent s'organiser les paysans pour tirer le plus de profit possible de leur instrument de travail, la terre.

Au lendemain de la Révolution, voici dans quelle position se trouveront les paysans :

Les uns, qui étaient déjà petits propriétaires, conservent le morceau de terrain qu'ils cultivaient et qu'ils continuent à cultiver seuls avec leur famille. D'autres, et c'est le plus grand nombre, qui étaient fermiers d'un grand propriétaire, ou simples manœuvres à la solde d'un fermier, se sont emparés en commun d'une vaste étendue de terrain, et doivent la cultiver en commun.

Lequel de ces deux systèmes est le meilleur ?

Il ne s'agit pas ici de faire de la théorie, mais de prendre pour point de départ les faits, et de rechercher ce qui est immédiatement réalisable.

Nous plaçant à ce point de vue, nous disons d'abord que la chose essentielle, celle pour laquelle la Révolution a été faite, est accomplie : la terre est devenue la propriété de celui qui la cultive, le paysan ne travaille plus au profit d'un exploiteur qui vit de ses sueurs.

Cette grande conquête obtenue, le reste est d'ordre secondaire ; les paysans peuvent, si c'est leur volonté, partager le terrain en lots individuels et attribuer à chaque travailleur un lot ; ou bien au contraire mettre le terrain en commun et s'associer pour le cultiver.

Cependant, quoique secondaire par rapport au fait essentiel, à l'émancipation du paysan, cette question de la meilleure forme à adopter pour la culture et pour la possession du sol, mérite aussi d'être examinée avec attention.

Dans une région qui aura été peuplée, avant la révolution, par des paysans petits propriétaires ; où la nature du sol sera peu propice à des cultures étendues ; où l'agriculture en est encore restée aux procédés de l'âge patriarcal, où l'emploi des machines est inconnu ou peu répandu, — dans une région semblable, il sera naturel que les paysans conservent la forme de propriété à laquelle ils sont habitués. Chacun d'eux continuera à cultiver son terrain comme par le passé, avec cette seule différence, que ses valets d'autrefois (s'il en avait), seront devenus ses associés et partageront avec lui les fruits que leur travail commun aura fait produire à la terre.

Toutefois il est probable qu'au bout de peu de temps, ces paysans restés propriétaires individuels trouveront avantageux pour eux de modifier leur système traditionnel de travail. Ils se seront d'abord associés pour créer une agence communale chargée de la vente ou de l'échange de leurs produits ; puis cette première association les conduira à tenter d'autres pas dans cette même voie. Ils feront en commun l'acquisition de diverses machines destinées à faciliter leur travail ; ils se prêteront une aide réciproque pour l'exécution de certaines corvées qui se font mieux quand elles sont enlevées rapidement par un grand nombre de bras ; et ils finiront sans doute par imiter leurs frères les travailleurs de l'industrie et ceux des grandes cultures, en se décidant à mettre leurs terres en commun et à former une association agricole. Mais s'ils s'attardent quelques années dans l'ancienne routine, si même l'espace d'une génération entière devait s'écouler, dans certaines communes, avant que les paysans y prissent le parti d'adopter la forme de la propriété collective, il n'y aurait pas à ce retard d'inconvénient grave; le prolétariat des campagnes n'aurait-il pas disparu, et au sein même de ces communes restées en arrière, y aurait-il autre chose qu'une population de travailleurs libres, vivant dans l'abondance et la paix?

Par contre, là où de grands domaines, de vastes cultures occupent un nombre considérable de travailleurs, dont les efforts réunis et combinés sont nécessaires à la mise en œuvre du sol, la propriété collective s'impose d'elle-même. On verra le territoire de toute une commune, quelquefois même celui de plusieurs communes réunies, ne former qu'une seule exploitation agricole, où seront appliqués les procédés de la grande culture. Dans ces vastes communautés de travailleurs des champs, on ne s'efforcera pas, comme le fait aujourd'hui le petit paysan sur son lopin de terre, d'obtenir du même terrain une foule de produits différents: on ne verra pas, côte à côte dans un enclos d'une hectare de superficie, un petit carré de blé, un petit carré de pommes-de-terre, un autre de vigne, un autre de fourrages, un autre d'arbres fruitiers, etc. Chaque sol est, par sa configuration extérieure, par son exposition, et par sa composition chimique, approprié plus spécialement à une espèce de produits: on ne sèmera donc pas du blé sur le terrain propre à la vigne, on ne cherchera pas à obtenir des pommes-de-terre sur un sol qui serait mieux utilisé comme pâturage. La communauté agricole, si elle ne dispose que d'une seule nature de terrain, ne se livrera

qu'à la culture d'une seule espèce de produits, sachant
que la culture en grand donne, avec moins de travail,
des résultats beaucoup plus considérables, et préférant
se procurer par l'échange les produits qui lui manquent,
plutôt que de ne les obtenir qu'en petite quantité et en
mauvaise qualité sur un terrain qui ne leur serait pas
propice.

Il est inutile d'insister sur les avantages de la grande
culture et d'en exposer en détail les procédés. Nous nous
bornerons à donner une idée de ce que sera l'agriculture de l'avenir, en citant ici une page remarquable
d'un rapport présenté dans un des congrès de l'Internationale :

« Voyez-vous, sous ce sol fraîchement défriché, chaulé,
nivelé, ces milliers de canaux, véritable système circu-
latoire d'un nouvel et grand organisme ? De ces canaux
souterrains, les uns transportent au loin dans les campagnes le liquide nourricier de la terre, fourni par les
égouts des villes, et restituant intégralement au sol ce
que les populations urbaines ont reçu du sol ; les autres
éloignent des champs la trop grande abondance d'eau.
Voyez-vous cette traînée de wagons chargés de chaux
ou d'autres sels nécessaires au sol, conformément à la
grande loi de la restitution ? la vapeur les entraîne au
loin dans les champs pour répandre ces sels précieux
dans les terrains où ils font défaut. Voyez-vous cette
chaîne de socs parallèles qu'une gigantesque machine
à vapeur promène à travers des campagnes immenses ?
le même mécanisme emporte en même temps et les
hommes, et les instruments aratoires, et les semences,
et plus tard, quand la moisson sera mûre, il repassera
pour la faucher, la recueillir et la transporter dans la

grange, où d'autres machines, mues également par la vapeur, remplacent l'antique fléau et le van à jamais oubliés. Et tout cela se fait avec ensemble, avec ordre, au moment précis indiqué par les observatoires météorologiques. Dans une agriculture pareille, que devient non-seulement le petit paysan qui cultive à la bêche, mais même le laboureur avec sa charrue traditionnelle, avec tout le vieil outillage et les vieux procédés en usage déjà dans l'antiquité gréco-romaine et même dans l'Egypte des Pharaons? Ils sont allés rejoindre le roulier remplacé par le chemin de fer, le courrier supprimé par l'électricité, le bûcheron peu à peu disparu devant le charbonnage, le lampiste refoulé par l'usine à gaz, le porteur d'eau aboli par ces systèmes de puits artésiens, d'aqueducs, de tuyaux et de robinets, qui se chargent aujourd'hui déjà de distribuer l'eau aux habitants des grandes cités. »

L'organisation intérieure d'une communauté agricole ne sera nécessairement pas partout la même : une assez grande variété pourra se produire suivant les préférences des travailleurs associés : ils n'auront, pourvu qu'ils se conforment aux principes d'égalité et de justice, à consulter sur ce point que leurs convenances et leur utilité. Nous nous bornerons à donner quelques indications très sommaires.

La gérance de la communauté, élue par tous les associés, pourra être confiée soit à un seul individu, soit à une commission de plusieurs membres ; il sera même possible de séparer les diverses fonctions administratives, et de remettre chacune d'elle à une commission spéciale. La durée de la journée de travail sera fixée,

non par une loi générale appliquée à tout le pays, mais
par une décision de la communauté elle-même; seulement, comme la communauté sera en relations avec tous
les travailleurs agricoles de la région, il faut admettre
comme probable qu'une entente se sera effectuée entre
tous les travailleurs pour l'adoption d'une base uniforme
sur ce point. Les produits du travail appartiennent à la
communauté; et chaque associé reçoit d'elle, soit en
nature (subsistances, vêtements, etc.), soit en monnaie
d'échange, la rémunération du travail accompli par lui.
Dans quelques associations, cette rémunération sera
proportionnelle à la durée du travail; dans d'autres,
elle sera en raison à la fois de la durée du travail et de
la nature des fonctions remplies; d'autres systèmes encore pourront être essayés et pratiqués.

Cette question de la répartition devient tout-à-fait
secondaire, dès que celle de la propriété a été résolue
et qu'il n'existe plus de capitalistes opérant un prélè-
vement sur le travail des masses. Toutefois nous pensons que le principe dont il faut chercher à se rappro-
cher autant que possible est celui-ci : *De chacun suivant ses forces, à chacun suivant ses besoins.* Une fois
que grâce aux procédés mécaniques et aux progrès de
la science industrielle et agricole, la production se sera
accrue de telle sorte qu'elle dépassera de beaucoup les
besoins de la société — et ce résultat sera obtenu dans
un espace de quelques années après la Révolution —
une fois qu'on en sera là, disons-nous, on ne mesurera
plus d'une main scrupuleuse la part qui revient à chaque travailleur ; chacun pourra puiser dans l'abondante
réserve sociale, selon toute l'étendue de ses besoins,
sans craindre de jamais l'épuiser ; et le sentiment mo-

ral qui se sera développé chez des travailleurs libres et égaux, préviendra l'abus et le gaspillage. En attendant, c'est à chaque communauté à déterminer elle-même, pendant la période de transition, la méthode qu'elle croit la plus convenable pour répartir le produit du travail entre ses associés.

## III

Chez les travailleurs de l'industrie, il faut, comme chez les paysans, distinguer plusieurs catégories.

Il y a d'abord les métiers dans lesquels l'outillage est presque insignifiant, où la division du travail n'existe pas ou n'existe qu'à peine, et où par conséquent le travailleur isolé peut produire aussi bien que s'il travaillait en association. Telles sont, par exemple, les professions de tailleur, de cordonnier, etc. *)

Puis viennent les métiers qui nécessitent la coopération de plusieurs travailleurs, l'emploi de ce qu'on appelle la force collective, et qui s'exercent généralement dans un atelier ; exemple : les typographes, les charpentiers, les maçons.

Enfin il est une troisième catégorie d'industries, où la division du travail est poussée beaucoup plus loin, où la production se fait sur une échelle gigantesque et

---

*) Il faut remarquer toutefois que, même dans ces professions-là, le mode de production de la grande industrie peut être appliqué, et produire une économie de temps et de travail. Ce que nous en disons ne s'applique donc qu'à une période transitoire.

exige l'emploi de puissantes machines et la possession
d'un capital considérable. Telles sont les filatures, les
usines métallurgiques, les houillières, etc.

Pour les travailleurs appartenant aux industries de
la première catégorie, le travail collectif n'est pas une
nécessité; et il arrivera sans doute que dans un grand
nombre de cas, le tailleur ou le savetier préférera continuer à travailler seul dans sa petite échoppe. C'est là
une chose toute naturelle, d'autant plus que dans les
petites communes, il n'y aura peut-être qu'un seul travailleur appartenant à chacun de ces métiers. Toutefois,
et sans vouloir gêner en rien l'indépendance individuelle, nous pensons que, là où la chose est praticable,
le travail en commun est le meilleur: dans la société
de ses égaux, l'émulation stimule le travailleur; il produit davantage, et fait son ouvrage de meilleur cœur;
en outre, le travail en commun permet un contrôle utile
de chacun sur tous et de tous sur chacun.

Quant aux travailleurs des deux autres catégories, il
est évident que l'association leur est imposée par la nature même de leur travail; et que leurs instruments de
travail n'étant plus de simples outils d'un usage exclusivement personnel, mais des machines ou des outils
dont l'emploi exige le concours de plusieurs ouvriers,
la propriété de cet outillage ne peut être que collective.

Chaque atelier, chaque fabrique formera donc une
association de travailleurs, qui restera libre de s'admi-
nistrer de la façon qu'il lui plaira, pourvu que les droits
de chacun soient sauvegardés et que les principes d'é-
galité et de justice soient mis en pratique. Au chapitre
précédent, en parlant des associations ou communautés
de travailleurs agricoles, nous avons présenté, à propos

de la gérance, de la durée de la journée de travail, et de la répartition des produits, des observations qui naturellement s'appliquent aussi aux travailleurs de l'industrie, et que par conséquent nous n'avons pas besoin de répéter.

Nous venons de dire que, partout où il s'agit d'une industrie exigeant un outillage un peu compliqué et le travail en commun, la propriété des instruments de travail devait être commune. Mais un point reste à déterminer : cette propriété commune appartiendra-t-elle exclusivement à l'atelier dans laquelle elle fonctionne, ou bien sera-t-elle la propriété de toute la corporation des travailleurs de telle ou telle industrie ?

Notre opinion est que c'est la seconde de ces solutions qui est la bonne. Lorsque, par exemple, le jour de la Révolution, les ouvriers typographes de la ville de Rome auront pris possession de toutes les imprimeries de cette cité, ils devront immédiatement se réunir en assemblée générale, pour y déclarer que l'ensemble des imprimeries de Rome constitue la propriété commune de tous les typographes romains. Puis, dès que la chose sera possible, ils devront faire un pas de plus, et se solidariser avec les typographes des autres villes d'Italie : le résultat de ce pacte de solidarité sera la constitution de tous les établissements typographiques d'Italie comme propriété collective de la fédération des typographes italiens. Au moyen de cette mise en commun, les typographes de toute l'Italie pourront aller travailler dans l'une ou l'autre des villes de leur pays, et y trouver partout des instruments de travail dont ils auront le droit de se servir.

Mais si la propriété des instruments de travail doit, selon nous, être remise à la corporation, nous ne voulons pas dire par là qu'il y aura, au-dessus des groupes de travailleurs formant les ateliers, une sorte de gouvernement industriel qui ait le pouvoir de disposer à son gré des instruments de travail. Non: les travailleurs des divers ateliers ne font pas le moins du monde l'abandon de l'instrument de travail qu'ils ont conquis, entre les mains d'une puissance supérieure qui s'appellerait la corporation. Ce qu'ils font, c'est ceci : ils se garantissent réciproquement, sous certaines conditions, la jouissance de l'instrument de travail dont ils ont acquis la possession, et, en accordant à leurs collègues des autres ateliers la co-participation à cette jouissance, ils obtiennent en échange d'être à leur tour co-participants à la propriété des instruments de travail détenus par ces collègues avec lesquels ils ont conclu le pacte de solidarité.

Quant aux rapports des diverses corporations entre elles, aux procédés par lesquels sera déterminée la quantité normale de produits qui doit être livrée à la consommation par chaque branche d'industrie, et à la manière dont pourra s'organiser l'échange, nous en parlerons dans les chapitres suivants, qui seront consacrés à étudier l'organisation de la commune et des divers services publics, communaux et régionaux.

IV

La Commune est formée de l'ensemble des travailleurs
habitant une même localité.

Quelquefois les travailleurs d'une Commune peuvent
être tous occupés au même genre de travail : on trouvera quelques communes habitées exclusivement par
des agriculteurs, sans aucun mélange d'industriels, ou
bien par des industriels appartenant tous à la même
branche. Mais ce sont là des exceptions, et en général
la Commune comprend une population de travailleurs
appartenant à un nombre plus ou moins considérable de
branches diverses. Prenant pour type la Commune telle
qu'elle se présente dans la très-grande majorité des cas,
et négligeant les exceptions, nous définirons la Commune : la fédération locale des groupes de producteurs.

Cette fédération locale ou Commune est constituée
dans le but de pourvoir à certains services qui ne sont
pas du domaine exclusif de telle ou telle corporation,
mais qui les intéressent toutes, et que pour cette raison
on appelle *services publics*.

Nous devons ajouter dès à présent que, parmi les services publics, il en est qui, par leur nature même, ne
sont pas du domaine de la Commune prise isolément,
et qui réclament, pour leur réalisation, le concours de
plusieurs communes ou même de toutes les communes
d'une région. Nous traiterons dans un chapitre spécial
de ces services publics *généraux* ; dans ce chapitre-ci,

nous nous bornerons à l'examen des services publics *communaux*, c'est-à-dire n'intéressant qu'une seule Commune.

Les services publics communaux peuvent être résumés dans l'énumération suivante :

1º *Travaux publics*. construction et entretien des maisons et de tous les édifices ; construction des chemins, entretien des rues, éclairage des rues et des maisons.

2º *Echange*. Institution d'un comptoir d'échange, chargé de recevoir les produits du travail des divers groupes producteurs de la Commune, et de les écouler au dehors ; et de recevoir du dehors d'autres produits destinés à être distribués aux consommateurs de la Commune.

3º *Alimentation*. Organisation en service public de la fabrication et de la distribution des objets d'alimentation de première nécessité, c'est-à-dire de la boulangerie, de la boucherie et de quelques autres branches du travail alimentaire.

4º *Statistique*. Bureau chargé de la statistique de la production et de la consommation locale, de celle des habitants, de la tenue du registre des naissances et des décès, etc.

5º *Hygiène*. Ce service comprendrait l'approvisionnement d'eau ; les égouts, le balayage des rues ; les abattoirs, les lavoirs publics, les bains publics ; le service médical ; la sépulture.

6º *Sécurité*. Sécurité des personnes, sécurité des édifices (organisation contre les incendies, les inondations, etc.)

7º *Education*. Entretien, éducation et instruction intégrale de la jeunesse des deux sexes.

8º *Assistance*. Entretien des invalides, des infirmes, des vieillards, des malades.

Nous allons examiner avec quelque détail ce qui se rapporte à chacune des rubriques ci-dessus.

## 1. Travaux publics.

Toutes les maisons sont la propriété de la Commune.

La Révolution faite, chacun continue à habiter provisoirement le logement qu'il occupait, à l'exception des familles qui étaient réduites à des habitations malsaines ou trop insuffisantes, et qui seront immédiatement logées, par les soins de la Commune, dans les appartements vacants des maisons appartenant précédemment aux riches.

La construction de maisons nouvelles, contenant des logements sains, spacieux et commodes, pour remplacer les misérables taudis des anciens quartiers populaires, sera un des premiers besoins de la société affranchie. La Commune s'en occupera immédiatement ; et de la sorte elle pourra non seulement fournir du travail aux corporations des maçons, charpentiers, serruriers, couvreurs, etc., mais encore il lui sera facile d'occuper d'une manière utile cette foule de gens qui, vivant dans l'oisiveté avant la Révolution, ne savent aucun métier : ils pourront être employés comme manœuvres dans les immenses travaux de construction et de terrassement qui seront alors entrepris sur tous les points de la région affranchie, et spécialement dans les villes.

Les logements nouveaux seront construits aux frais de tous, — ce qui signifie qu'en échange du travail fourni par les diverses corporations du bâtiment, celles-

ci recevront de la Commune les bons d'échange nécessaires pour qu'elles puissent subvenir largement à l'entretien de tous leurs membres. Et puisque les logements
auront été construits aux frais de tous, ils devront être
à la disposition de tous, — c'est-à-dire que la jouissance
en sera gratuite, et que personne n'aura à payer à la
Commune une redevance, un loyer, en échange de l'appartement qu'il occupera.

Les logements étant gratuits, il semble qu'il en
pourra résulter de graves discordes, parce que personne
ne voudra garder un mauvais logement, et que chacun
se disputera les meilleurs. Mais nous pensons qu'on aurait tort de craindre qu'il se produise, de ce chef, des
inconvénients graves, et voici nos raisons. D'abord,
nous devons dire que ne pas vouloir habiter un mauvais logement et en désirer un meilleur est un désir
assurément fort légitime; et c'est justement ce désir
qu'on verra se produire avec beaucoup de force, qui
nous donne l'assurance que partout on travaillera avec
énergie et activité à le satisfaire en bâtissant des maisons nouvelles. Mais en attendant qu'elles soient bâties
il faudra bien prendre patience et se contenter de ce qui
existe; la Commune aura eu soin, comme nous l'avons
dit, de remédier aux besoins les plus pressants en
logeant les familles les plus pauvres dans les vastes palais des riches; et quant au reste de la population, nous
croyons qu'il se sera développé en elle, par l'enthou-
siasme révolutionnaire, un sentiment de générosité et
d'abnégation, qui fera que chacun sera heureux de sup-
porter, pendant quelque temps encore, les inconvénients d'une habitation incommode, et qu'il ne viendra
à l'idée de personne de chercher querelle à un voisin

qui, plus favorisé, aura provisoirement un appartement plus agréable.

Au bout de peu de temps, grâce à l'activité avec laquelle travailleront les constructeurs, puissamment stimulés par la demande générale, les logements seront devenus si abondants, que toutes les demandes pourront être satisfaites : chacun n'aura plus qu'à choisir, avec la certitude de trouver une habitation à sa convenance.

Ce que nous disons là n'a rien de chimérique, quelque merveilleux que cela puisse paraître à ceux dont le regard n'a jamais dépassé l'horizon de la société bourgeoise : c'est au contraire ce qu'il y a de plus simple et de plus naturel, si naturel qu'il serait impossible que les choses se passassent autrement. En effet, à quoi veut-on que s'occupent les légions de maçons et d'autres travailleurs du bâtiment, sinon à construire incessamment des logements commodes et vraiment dignes d'être habités par les membres d'une société civilisée? Leur faudra-t-il en construire pendant beaucoup d'années, pour que chaque famille ait le sien? Non, ce sera l'œuvre de peu de temps. Et quand ils auront fini, se croiseront-ils les bras? Non, sans doute ; ils continueront à travailler ; ils amélioreront, ils perfectionneront ce qui existe, et peu à peu on verra disparaître entièrement les quartiers sombres, les rues étroites, les maisons incommodes de nos villes actuelles : à leur place s'élèveront des palais où habiteront les travailleurs redevenus hommes.

Ce que nous venons de dire s'applique plus spécialement aux villes ; et nous devons, à l'égard des villages de paysans, présenter une observation.

De même que nous avons déjà prévu le cas où des paysans, encore étrangers aux procédés modernes de la grande culture, préféreront garder la propriété individuelle du sol et donner à chaque travailleur son morceau de terrain, il faut prévoir celui où, dans de petits villages agricoles, les paysans, habitant chacun avec leur famille une maison séparée, voudront conserver cette maison en propriété particulière, au lieu de remettre tous les immeubles entre les mains de la Commune comme propriété collective. Nous ne voyons à cela aucun inconvénient, pourvu qu'il ne se trouve pas de travailleurs frustrés par cet état de choses ; si chacun a sa maison et en est content, si en outre la Commune fait bâtir des maisons pour celles des familles qui peut-être n'en auraient pas, tout sera bien. Par la suite, il est probable que les idées se modifieront, et que même dans ces Communes où d'abord la propriété individuelle aura été conservée, les maisons deviendront propriété communale : ce sera au temps et à l'expérience à faire sentir les avantages de cette organisation sur l'organisation ancienne.

## 2. Echange.

Dans la société nouvelle, il n'y aura plus de *commerce*, dans le sens qui est attaché aujourd'hui à ce mot.

Chaque Commune établira un *comptoir d'échange*, dont nous allons expliquer le plus clairement possible le mécanisme.

Les associations de travailleurs, ainsi que les producteurs individuels (dans les branches où la production individuelle pourra continuer), déposeront leurs produits au *comptoir d'échange*. La valeur de ces divers produits aura été fixée d'avance par une convention entre les fédérations corporatives régionales et les différentes Communes, au moyen des données que fournira la statistique. Le comptoir d'échange remettra aux producteurs des *bons d'échange* représentant la valeur de leurs produits ; ces bons d'échange seront admis à circuler dans toute l'étendue du territoire de la Fédération des Communes (on trouvera des détails à ce sujet dans un autre chapitre).

Parmi les produits ainsi déposés au comptoir d'échange, les uns sont destinés à être consommés dans la Commune même, et les autres à être exportés dans d'autres Communes, et par conséquent échangés contre d'autres produits.

Les premiers de ces produits seront transportés dans les différents bazars communaux, pour l'établissement desquels on aura pu utiliser provisoirement les locaux les plus commodes parmi les boutiques et magasins des anciens marchands. De ces bazars, les uns seront consacrés aux produits alimentaires, d'autres aux vêtements, d'autres aux ustensiles de ménage, etc.

Les produits destinés à l'exportation resteront dans des magasins généraux, jusqu'à ce que le moment soit venu de les diriger sur les Communes qui en auront besoin.

Prévenons ici une objection. On nous dira peut-être : Le comptoir d'échange de chaque Commune remet aux producteurs, au moyen de bons d'échange, un signe représentatif de la valeur de leurs produits, et cela avant d'être assuré de l'écoulement de ces mêmes produits. Si les produits venaient à ne pas s'écouler, dans quelle position se trouverait le comptoir d'échange? ne risque-t-il pas de faire des pertes, et le genre d'opération dont on le charge n'est-il pas très aléatoire?

A cela nous répondrons que chaque comptoir d'échange est sûr d'avance de l'écoulement des produits qu'il reçoit, ensorte qu'il ne peut y avoir aucun inconvénient à ce qu'il en remette aussitôt la valeur aux producteurs par des bons d'échange. Nous expliquerons plus loin de quelle manière ce résultat sera obtenu.

Il y aura certaines catégories de travailleurs auxquels il sera matériellement impossible d'apporter leurs produits au comptoir d'échange : tels sont par exemple, les constructeurs de bâtiments. Mais le comptoir d'échange ne leur servira pas moins d'intermédiaire : ils y feront enregistrer les divers travaux qu'ils auront exécutés, et dont la valeur aura toujours été convenue d'avance; et le comptoir leur délivrera cette valeur en bons d'échange. Il en sera de même des divers travailleurs employés pour les services administratifs de la Commune; leur travail consiste, non en produits fabriqués, mais en services rendus ; ces services auront été tarifés d'avance, et le comptoir d'échange leur en paiera la valeur.

Le comptoir d'échange n'a pas seulement pour fonction de recevoir les produits que lui apportent les travailleurs de la Commune ; il correspond avec les autres Communes, et il en fait venir les produits que la commune est obligée de tirer du dehors, soit pour contribuer à son alimentation, soit comme matières premières, combustibles, produits manufacturés, etc.

Ces produits tirés du dehors figurent dans les bazars communaux, à côté des produits de la localité.

Les consommateurs se présentent dans ces divers

bazars, munis de leurs bons d'échange, qui peuvent être divisés en coupures de différentes valeurs; et ils se procurent là, sur les bases d'un tarif uniforme, tous les objets de consommation dont ils auront besoin.

Jusqu'à présent, l'exposé que nous avons fait des opérations du comptoir d'échange n'a rien qui diffère d'une manière essentielle des usages du commerce actuel: ces opérations, en effet, ne sont autres que celles de la vente et de l'achat; le comptoir achète aux producteurs leurs produits, et vend aux consommateurs les objets de consommation. Mais nous pensons qu'au bout d'un certain temps, la pratique des comptoirs d'échange pourra sans inconvénient être modifiée, et qu'un système nouveau se substituera peu à peu au système ancien: l'*échange* proprement dit disparaîtra, et fera place à la *distribution* pure et simple.

Voici ce que nous entendons par là :

Aussi longtemps qu'un produit est peu abondant, et ne se trouve dans les magasins communaux qu'en quantités plus petites que celles que la population pourrait consommer, on est obligé d'apporter dans la répartition de ce produit une certaine mesure ; et la manière la plus facile d'opérer ce rationnement des consommateurs, c'est de leur *vendre* le produit, c'est-à-dire de n'en livrer qu'à ceux qui donneront en échange une certaine valeur. Mais une fois que, grâce au développement prodigieux de la production qui ne manquera pas d'avoir lieu dès que le travail sera organisé sur des bases rationnelles — une fois, disons-nous, que grâce à ce développement, telle ou telle catégorie de produits sera devenue tellement abondante que la quantité en dépas-

sera de beaucoup tout ce que pourrait consommer l[a]
population, alors il ne sera plus nécessaire de rationne[r]
les consommateurs ; on pourra supprimer l'opération d[e]
la vente, qui était une sorte de frein opposé à une con[-]
sommation immodérée ; les comptoirs communaux n[e]
*vendront* plus les produits aux consommateurs, ils le[s]
leur *distribueront* à proportion des besoins que ceux[-]
ci déclareront éprouver.

Cette substitution de la distribution à l'échan[ge]
pourra avoir lieu au bout de peu de temps pour tous le[s]
objets de première nécessité ; car ce sera surtout ver[s]
une production abondante de ces objets que seront di[ri]-
gés les premiers efforts des associations de producteu[rs].
Bientôt d'autres objets, qui aujourd'hui encore so[nt]
rares et coûteux, et sont par conséquent regardés comm[e]
des objets de luxe, pourront à leur tour être produi[ts]
sur une grande échelle, et entrer ainsi dans le domain[e]
de la distribution, c'est-à-dire de la consommation uni[-]
verselle. Par contre d'autres objets, mais en petit nom[-]
bre et de peu d'importance (par exemple les perle[s,]
les diamants, certains métaux), ne pourront jamais de[-]
venir abondants, parce que la nature elle-même en [a]
limité la quantité ; mais comme on aura cessé d'y atta[-]
cher le prix que l'opinion leur attribue aujourd'hui, [ils]
ne seront plus guère recherchés que par les associatio[ns]
scientifiques qui voudront les placer dans des musé[es]
d'histoire naturelle ou les utiliser pour la confection [de]
certains instruments.

Nous avons tenu à indiquer ici notre opinion sur [la]
manière en laquelle pourra s'opérer, dans un aveni[r]
peu distant de la Révolution, la répartition des produi[ts ;]
mais qu'on s'en souvienne, la première condition pou[r]

arriver à cette organisation simplement distributive, c'est de tripler l'énergie de la production ; et tant qu'on n'aura pas obtenu ce résultat préalable, il faudra s'en tenir au mode que nous avons expliqué en premier lieu, à la vente et à l'achat au moyen de bons d'échange et par l'intermédiaire des comptoirs communaux.

### 3. Alimentation.

Le service de l'alimentation ne forme en quelque sorte qu'une annexe de celui de l'échange. En effet, ce que nous venons de dire de l'organisation du comptoir d'échange s'applique à tous les produits, y compris les produits spécialement destinés à l'alimentation. Cependant nous croyons utile d'ajouter, dans un paragraphe spécial, quelques explications plus détaillées sur les dispositions à prendre pour la répartition des principaux produits alimentaires.

Aujourd'hui la boulangerie, la boucherie, le commerce des vins, des denrées coloniales, sont abandonnés à l'industrie privée et à la spéculation, qui, par des fraudes de tout genre, cherchent à s'enrichir aux dépens du consommateur. La société nouvelle devra immédiatement porter remède à un pareil état de choses : et ce remède consistera à ériger en service public communal tout ce qui concerne la distribution des produits alimentaires de première nécessité.

Qu'on le remarque bien : ceci ne veut pas dire que la Commune s'empare de certaines branches de la *production*. Non : la production proprement dite reste entre les mains des associations de producteurs. Mais pour le pain, par exemple, en quoi consiste la production ? uniquement dans la culture du blé. Le laboureur sème

et récolte le grain, et l'apporte au comptoir d'échange ;
là s'arrête la fonction du producteur. Réduire ce grain
en farine, transformer cette farine en pain, ce n'est plus
de la production : c'est un travail analogue à celui que
remplissent les divers employés des bazars communaux,
un travail destiné à mettre un produit alimentaire, le
blé, à la portée des consommateurs. De même pour la
viande. Le paysan élève et nourrit le bétail ; puis quand
il l'a suffisamment engraissé, il l'amène au comptoir
d'échange. L'opération d'abattre et de découper le bétail n'est plus l'acte d'un producteur proprement dit : la
fonction du boucher est analogue à celle de tout autre
employé d'un bazar communal, intermédiaire entre le
producteur et le consommateur. De même encore pour
le vin. Le producteur est celui qui cultive la vigne, qui
pressure le vin et l'apporte au comptoir d'échange ; mais
celui qui donne ensuite au vin les soins nécessaires à sa
conservation, qui le distribue aux consommateurs, n'est
plus lui-même un producteur, c'est un simple intermédiaire.

On le voit donc : au point de vue du principe, rien de
plus logique que de faire rentrer la boulangerie, la boucherie, la distribution des vins, etc., dans les attribu-
tions de la Commune.

En conséquence, le blé, une fois entré dans les magasins de la Commune, sera réduit en farine dans un
moulin communal (il va sans dire que plusieurs communes pourront avoir le même moulin) ; la farine sera
transformée en pain dans les boulangeries communales, et le pain sera livré par la Commune aux consommateurs. Il en sera de même de la viande : les bes-
tiaux seront abattus dans les abattoirs communaux, et

pecés dans les boucheries communales. Les vins seront conservés dans les caves communales, et distribués aux consommateurs par des employés spéciaux. Enfin les autres denrées alimentaires seront, suivant la consommation plus ou moins immédiate, qui doit en être faite, conservées dans les magasins de la Commune, ou bien exposées aux halles où les consommateurs viendront les chercher.

C'est surtout pour cette catégorie de produits, pain, viande, vin, etc., que les efforts devront tendre à substituer au plus vite au régime de l'échange celui de la distribution. Une fois qu'une alimentation abondante sera assurée à tous, les progrès des sciences, des arts industriels, et de la civilisation en général, marcheront à pas de géant.

## 4. Statistique.

La commission communale de statistique aura pour tâche de réunir tous les renseignements statistiques de la Commune.

Les diverses corporations ou associations de production la tiendront constamment au courant du nombre de leurs membres et des changements qui s'opèrent dans leur personnel, ensorte qu'il sera possible de connaître à tous les instants le nombre de bras employés dans les diverses branches de la production.

Par l'intermédiaire du comptoir d'échange, la commission de statistique obtiendra les données les plus complètes sur le chiffre de la production et sur celui de la consommation.

Ce sera au moyen des faits statistiques recueillis de la

sorte dans toutes les Communes d'une région, qu'il sera possible d'équilibrer scientifiquement la production et la consommation ; en obéissant à ces indications, on pourra accroître le nombre des bras dans les branches où la production est insuffisante, et le diminuer dans celles où la production est surabondante. La statistique permettra aussi de fixer la durée moyenne de la journée de travail, nécessaire pour obtenir la somme de produits que réclament les besoins de la société. Ce sera par elle également qu'on arrivera à pouvoir déterminer, non certes d'une manière absolue, mais avec une exactitude suffisante pour la pratique, la valeur relative des divers produits, qui servira de base aux tarifs des comptoirs d'échange.

Mais ce n'est pas tout ; la commission de statistique aura encore à remplir les fonctions attribuées aujourd'hui à l'état civil : elle enregistrera les naissances et les décès. Nous n'ajoutons pas : les mariages, parce que dans une société libre, l'union volontaire de l'homme et de la femme ne sera plus un acte officiel, mais un acte purement privé, qui n'aura besoin d'aucune sanction publique.

Bien d'autres choses encore sont du ressort de la statistique : les maladies, les observations météorologiques, tous les faits enfin qui, se produisant d'une façon régulière, peuvent être enregistrés et comptés, et du groupement numérique desquels peut sortir quelque enseignement, parfois même quelque loi scientifique.

## 5. Hygiène.

Sous le nom général d'hygiène nous avons rassemblé divers services publics dont le bon fonctionnement est indispensable au maintien de la santé commune.

Au premier rang il faut placer naturellement le service médical, qui sera mis gratuitement par la Commune à la portée de tous ses ressortissants. Les médecins ne seront plus des industriels cherchant à tirer le plus gros profit possible de leurs malades ; ce seront des employés de la Commune, rétribués par elle, et qui doivent accorder leurs soins à tous ceux qui les *réclament*.

Mais le service médical ne nous présente que le côté *curatif* de cette branche de l'activité et du savoir humains qui s'occupe de la santé ; et ce n'est pas assez que de guérir les malades, il faut encore les prévenir. C'est là la fonction de l'hygiène proprement dite.

Une quantité d'objets qui, par un de leurs côtés, dépendent d'autres domaines, comme par exemple de celui des travaux publics ou du comptoir d'échange, se rattachent pourtant à l'hygiène par l'influence qu'ils peuvent exercer sur la santé publique.

C'est ainsi que la commission d'hygiène aura à s'occuper, de concert avec celle des travaux publics, de la distribution de l'eau potable, et à veiller à ce que cette eau soit livrée aux consommateurs dans les conditions de la plus grande pureté possible ; elle surveillera aussi la construction et le service des égouts ; elle veillera à la propreté des rues. Les abattoirs, les lavoirs publics où seront nettoyés les vêtements, les établissements de bains publics, sont aussi de son ressort. Elle s'occupera également de tout ce qui regarde les derniers devoirs à rendre aux morts, et des mesures nécessaires pour éviter que les cadavres ne produisent, par leur accumulation dans les cimetières, des foyers d'infection pestilentielle.

On pourrait citer encore plusieurs autres choses qui devront attirer l'attention et occuper les soins de la commission d'hygiène; mais le peu que nous venons de dire a déjà dû suffire pour donner une idée de la nature de ses fonctions et de leur importance.

## 6. Sécurité.

Ce service comprend les mesures nécessaires pour garantir à tous les habitants de la Commune la sécurité de leur personne, ainsi que pour protéger les bâtiments, les produits, etc., contre toute déprédation et tout accident.

Il n'est pas probable que dans une société où chacun pourra vivre en pleine liberté du fruit de son travail, et trouvera tous ses besoins abondamment satisfaits, des cas de vol et de brigandage puissent encore se présenter. Le bien-être matériel, ainsi que le développement intellectuel et moral qui résultera de l'instruction vraiment humaine donnée à tous, rendront en outre beaucoup plus rares les crimes qui sont la suite de la débauche, de la colère, de la brutalité, ou d'autres vices.

Néanmoins il ne sera pas inutile de prendre des précautions pour la sécurité des personnes. Ce service qu'on pourrait appeler, si ce terme n'avait pas une signification trop équivoque, la police de la Commune, ne sera pas confié, comme aujourd'hui, à un corps spé-

cial ; tous les habitants seront appelés à y prendre part,
et à veiller à tour de rôle dans les divers postes de
sûreté que la Commune aura institués.

On se demandera sans doute, à ce propos, comment sera
traité, dans la société égalitaire, celui qui se sera rendu
coupable d'un meurtre ou d'autres violences. Evidem-
ment on ne pourra pas, sous prétexte de respect des
droits de l'individu et de négation de l'autorité, laisser
courir tranquillement un meurtrier ou attendre que
quelque ami de la victime lui applique la loi du talion.
Il faudra le priver de sa liberté, et le garder dans une
maison spéciale, jusqu'à ce qu'il puisse, sans danger,
être rendu à la société. Comment devra-t-il être traité
durant sa captivité? et d'après quels principes en déter-
minera-t-on la durée? Ce sont là des questions délicates,
sur lesquelles les opinions sont encore divisées. Il faudra s'en remettre à l'expérience pour leur solution ; mais
nous savons dès à présent que, grâce à la transformation que l'éducation opèrera dans les caractères, les
crimes seront devenus très rares : les criminels n'étant
plus qu'une exception, seront considérés comme des
malades et des insensés ; la question du crime, qui occupe aujourd'hui tant de juges, d'avocats et de geôliers,
perdra son importance sociale, et deviendra un simple
chapitre de la philosophie médicale.

Les tribunaux actuels sont chargés de deux besognes
bien différentes : ils jugent les crimes, c'est-à-dire les
attentats contre les personnes ou les choses (meurtres,
incendies, etc.), et ils jugent aussi les contestations entre les particuliers, les procès. Comme nous venons de
le dire, les cas de la première catégorie, les crimes, seront désormais du ressort du service de la sécurité, qui

cherchera à les prévenir, et de celui du service médical,
qui décidera des mesures à prendre à l'égard des criminels. Quant aux cas de la seconde catégorie, aux contestations entre des personnes, entre des associations,
entre des Communes, ces contestations seront jugées
par des arbitres désignés par les parties, comme cela se
fait déjà aujourd'hui dans un grand nombre de cir-
constances.

Le service de la sécurité publique comprendra aussi
les précautions à prendre contre les incendies, les inondations, et autres accidents de ce genre. Tous les habitants de la Commune auront dû s'entendre pour con-
courir à l'exécution des mesures destinées à prévenir
ces accidents : ainsi, par exemple, ils auront formé un
corps de pompiers.

Un vaste système d'assurances complètera cette organisation. Les corporations et les Communes se garan-
tiront un appui mutuel pour le cas où un désastre, in-
cendie, grêle, épizootie, sécheresse, etc., viendrait à
frapper une ou plusieurs d'entr'elles. Ce pacte d'assurance et de solidarité ne formera d'ailleurs qu'un des
chapitres du pacte général de fédération dont il sera
parlé plus loin.

## 7. Education.

Sur ce sujet très important, et qui demanderait à être
traité dans un livre spécial, nous ne pourrons donner
que quelques brèves indications, suffisantes toutefois
pour qu'on se forme une idée générale exacte.

Le premier point à considérer, c'est la question de
l'entretien des enfants. Aujourd'hui, ce sont les parents

qui sont chargés de pourvoir à la nourriture de leurs enfants, ainsi qu'à leur instruction : cet usage est la conséquence d'un principe faux, qui fait considérer l'enfant comme la propriété de ses parents. L'enfant n'est la propriété de personne, il s'appartient à lui-même; et pendant la période dans laquelle il est encore incapable de se protéger lui-même, et où par conséquent il peut être exposé à l'exploitation, c'est à la société à le protéger et à lui assurer la garantie de son libre développement. C'est à la société aussi à se charger de son entretien : en subvenant à sa consommation et aux diverses dépenses que nécessitera son éducation, la société ne fait qu'une avance, que l'enfant lui remboursera par son travail lorsqu'il sera devenu un producteur.

Ainsi c'est la société, et non les parents, qui doit se charger de l'entretien de l'enfant. Ce principe général posé, nous croyons devoir nous abstenir de fixer d'une manière précise et détaillée la forme en laquelle il doit être appliqué : nous risquerions de tomber dans l'utopie; il faudra laisser agir la liberté, et attendre les leçons de l'expérience. Disons seulement que vis-à-vis de l'enfant, la société est représentée par la Commune, et que chaque Commune aura à déterminer l'organisation qu'elle jugera la meilleure pour l'entretien de ses enfants: ici on préférera la vie en commun, là on laissera les enfants à leur mère au moins jusqu'à un certain âge, etc.

Mais ce n'est là qu'un côté de la question. La Commune nourrit, habille, loge les enfants: qui les instruira, qui en fera des hommes et des producteurs? et selon quel plan leur éducation sera-t-elle dirigée?

A ces questions, nous répondrons : L'éducation des

enfants doit être intégrale, c'est-à-dire qu'elle doit développer à la fois toutes les facultés du corps et toutes les facultés de l'esprit, de manière à faire de l'enfant un homme complet. Cette éducation ne doit pas être confiée à une caste spéciale d'instituteurs: tous ceux qui connaissent une science, un art, un métier, peuvent et doivent être appelés à l'enseigner.

Sans doute, dans les premières années qui suivront la Révolution, on ne pourra pas créer de toutes pièces l'organisation de l'éducation telle qu'elle devra fonctionner dans la période normale ; il y aura évidemment quelques années de transition, pendant lesquelles chaque Commune fera de son mieux, avec les éléments qu'elle possède. Mais le tableau dont nous allons tracer les lignes principales, indique le but vers lequel il faut tendre, but auquel des efforts sérieux et persévérants permettront d'arriver assez promptement.

On distinguera dans l'éducation deux degrés: l'un où l'enfant, de cinq à douze ans, n'a pas encore atteint l'âge d'étudier les sciences, et où il s'agit essentiellement de développer ses facultés physiques ; et un second degré où l'enfant, de douze à seize ans, doit être initié aux diverses branches du savoir humain, en même temps qu'il apprend la pratique d'une ou de plusieurs branches de production.

Dans chaque Commune, des dispositions devront être prises pour que, sans sortir de la Commune où il habite, l'enfant puisse recevoir, dans toute son étendue, l'instruction intégrale à l'un et l'autre degré. Il va de soi, néanmoins, que si l'enfant désirait apprendre une branche de prodnction qui n'existerait pas dans sa Com-

mune d'origine, il serait obligé de changer de Commune
et de chercher une localité où il pût recevoir l'enseignement pratique dont il aurait besoin.

En outre, après avoir terminé son éducation jusqu'à
la fin du second degré, un jeune homme peut désirer —
sans abandonner le travail productif auquel il est tenu
— de se vouer plus spécialement à l'étude d'une science.
Il trouvera alors l'occasion de satisfaire son désir dans
des établissements spéciaux, qui existeront dans un certain nombre de Communes. Ces établissements seront
ouverts à tous, et chacun possédant ainsi les moyens
nécessaires pour continuer des études sérieuses tout en
remplissant ses devoirs de producteur, les hautes études scientifiques seront accessibles à tous ceux qui le
voudront.

Nous n'insisterons pas davantage sur ce dernier point :
ceux qui, dans les sciences, voueront leur existence à
une spécialité et enrichiront le savoir humain de décou-
vertes nouvelles, seront probablement en petit nombre ;
la majorité se contentera, au moins dans le commence-
ment, des deux degrés d'études indiqués plus haut, qui
suffiront d'ailleurs pour former des hommes complets,
et sur lesquels nous allons donner quelques indications
plus détaillées.

Dans le premier degré, comme nous l'avons dit, il
s'agira essentiellement de développer les facultés physiques, de fortifier le corps, d'exercer les sens. Aujour-
d'hui, on s'en remet au hasard du soin d'exercer la vue,
de former l'oreille, de développer l'habileté de la main ;
une éducation rationnelle s'appliquera au contraire,
par des exercices spéciaux, à donner à l'œil et à l'oreille
toute la puissance dont ils sont susceptibles ; et quant

aux mains, on se gardera bien d'habituer les enfants à se servir exclusivement de la droite : on cherchera à les rendre aussi habiles d'une main que de l'autre.

En même temps que les sens s'exerceront, et que la vigueur corporelle s'accroîtra par une intelligente gymnastique, la culture de l'esprit commencera, mais d'une façon toute spontanée : un certain nombre de faits scientifiques s'accumuleront d'eux-mêmes dans le cerveau de l'enfant.

L'observation individuelle, l'expérience, les conversations des enfants entre eux, ou avec les personnes chargées de diriger leur enseignement, seront les seules leçons qu'ils recevront dans cette période.

Plus d'école arbitrairement gouvernée par un pédagogue, et dans laquelle les élèves tremblants soupirent après la liberté et les jeux du dehors. Dans leurs réunious, les enfants seront complètement libres : ils organiseront eux-mêmes leurs jeux, leurs conférences, établiront un bureau pour diriger leurs travaux, des arbitres pour juger leurs différends, etc. Ils s'habitueront ainsi à la vie publique, à la responsabilité, à la mutualité ; le professeur qu'ils auront librement choisi pour leur donner un enseignement, ne sera plus pour eux un tyran détesté, mais un ami qu'ils écouteront avec plaisir.

Dans le second degré, les enfants, parvenus à l'âge de douze ou treize ans, étudieront successivement, dans un ordre méthodique, les principales branches des connaissances humaines. L'enseignement ne sera pas remis entre les mains d'hommes qui en feront leur occupation exclusive : les professeurs de telle ou telle science seront en même temps des producteurs, qui occuperont une partie de leur temps au travail manuel; et chaque branche en comptera non pas un, mais un aussi grand nombre qu'il se trouvera dans la Commune d'hommes possédant une science et disposés à l'enseigner. En outre, la lecture en commun de bons ouvrages d'enseignement, les discussions dont ces lectures seront suivies, diminueront beaucoup l'importance qu'on attache aujourd'hui à la personnalité du professeur.

En même temps que l'enfant développera son corps et s'appropriera les sciences, il fera son apprentissage comme producteur. Dans le premier degré de l'enseignement, le besoin de réparer ou de modifier le matériel de ses jeux aura initié l'enfant au maniement des principaux outils. Pendant la seconde époque, il visitera les divers ateliers, et bientôt, entraîné par son goût vers l'une ou l'autre branche, il se choisira une ou plusieurs spécialités. Les maîtres d'apprentissage seront les producteurs eux-mêmes; dans chaque atelier, il y aura des élèves, et une partie du temps de chaque travailleur sera consacrée à leur montrer à travailler. A cette éducation pratique seront jointes quelques leçons théoriques.

De cette manière, à l'âge de seize ou dix-sept ans, le jeune homme aura parcouru tout le cercle des connaissances humaines, et sera en état de poursuivre seul ses études ultérieures, s'il le désire; il aura en outre appris un métier, et se trouvera dès lors au rang des producteurs utiles, de façon à pouvoir rembourser à la société, par son travail, la dette que son éducation lui aura fait contracter envers elle. *)

---

*) On peut consulter avec fruit, sur cette importante question de l'enseignement, un excellent travail publié il y a quelques années sous ce titre : *De l'enseignement intégral*, par Paul Robin.

Il nous reste à dire un mot des relations de l'enfant avec sa famille.

Il y a des gens qui prétendent qu'une mesure d'organisation sociale qui met l'entretien de l'enfant à la charge de la société, n'est autre chose que « la destruction de la famille ». C'est là une expression vide de sens: tant que le concours de deux individus de sexe différent sera nécessaire pour la procréation d'un nouveau-né, tant qu'il y aura des pères et des mères, le lien naturel de parenté entre l'enfant et ceux à qui il doit la vie ne pourra pas être effacé des relations sociales.

Seulement le caractère de ce lien devra nécessairement se modifier. Dans l'antiquité, le père était maître absolu de l'enfant, il avait sur lui droit de vie et de mort; dans les temps modernes, l'autorité paternelle a été limitée par certaines restrictions; quoi de plus naturel, par conséquent, que dans une société libre et égalitaire, ce qui reste encore aujourd'hui de cette autorité s'efface complètement, pour faire place aux relations de simple affection?

Nous ne prétendons pas, sans doute, que l'enfant doive être traité en adulte, que tous ses caprices aient droit au respect, et que lorsqu'il y a opposition entre sa volonté enfantine et les règles établies par la science et le sens commun, il ne faille pas enseigner à l'enfant à céder. Au contraire, nous disons que l'enfant a besoin d'être dirigé : mais la direction de ses premières années ne doit pas être confiée exclusivement aux mains de parents souvent incapables, et qui généralement abusent du pouvoir qui leur est remis. Le but de l'éducation que reçoit l'enfant étant de le mettre aussi vite que possible en état de se diriger lui-même, par le large déve-

loppement de toutes ses facultés, il est évident qu'aucune tendance étroitement autoritaire n'est compatible
avec un pareil système d'éducation.

Mais parce que les relations du père au fils seront,
non plus celles d'un maître à un esclave, mais celles
d'un instituteur à un élève, d'un ami plus âgé à un ami
plus jeune, pense-t-on que l'affection réciproque des
parents et des enfants aura à en souffrir ? N'est-ce pas
au contraire alors qu'on verra cesser ces inimitiés, ces
discordes dont la famille offre aujourd'hui tant d'exem-
ples, et qui presque toujours ont pour cause la tyrannie
exercée par le père sur ses enfants ?

Que personne ne vienne donc plus dire que la société
affranchie et régénérée détruira la famille. Elle appren-
dra au contraire au père, à la mère, à l'enfant, à s'ai-
mer, à s'estimer, à respecter leurs droits mutuels; et
en même temps, elle leur mettra au cœur, à côté et au-
dessus des affections de famille qui n'embrassent qu'un
cercle restreint et qui peuvent devenir mauvaises si
elles restent exclusives, un amour plus haut et plus
noble, celui de la grande famille humaine.

## 8. Assistance.

Nous employons le terme *d'assistance* pour désigner,
non point une œuvre de charité, mais les institutions
au moyen desquelles la société s'acquitte d'une partie
des obligations qu'elle a contractées envers chacun de
ses membres, et spécialement de l'obligation d'assurer
l'existence et l'entretien des malades, des infirmes et
des vieillards.

Nous n'avons pas à indiquer les détails de l'organisation des établissements que chaque Commune devra instituer dans ce but ; nous dirons seulement qu'afin d'assurer partout le fonctionnement régulier de ces institutions si importantes, la Fédération des Communes devra prêter son appui à celles des Communes dont les ressources seraient insuffisantes ; et nous ajouterons que les membres de la société que leur grand âge ou le mauvais état de leur santé aura rendus incapables de travailler et qui par conséquent auront recours à l'assistance publique, ne seront point considérés comme des indigents auxquels la compassion jette une aumône, mais comme des égaux envers lesquels la société a des engagements qu'elle est tenue de remplir. De même que l'enfance a droit à l'éducation, la vieillesse et la maladie ont droit aux soins et au repos : et c'est justement pour se garantir les uns aux autres ces droits et ces avantages, que les hommes se sont donné des institutions sociales et se sont unis par les liens d'une étroite solidarité.

## V

Quittant maintenant le terrain restreint de la Commune, ou de la fédération locale des groupes de producteurs, nous allons voir l'organisation sociale se compléter, d'une part par la constitution de *fédérations régionales corporatives*, embrassant tous les groupes de travailleurs qui appartiennent à une même branche de la production ; d'autre part, par la constitution d'une *Fédération des Communes*.

Nous avons déjà indiqué sommairement, au chapitre IV, ce que c'est qu'une fédération corporative. Il existe, au sein même de la société actuelle, des organisations embrassant dans une même association tous les ouvriers d'un métier : telle est, par exemple, la fédération des ouvriers typographes. Mais ces organisations-là ne sont qu'une ébauche très-imparfaite de ce que doit être, dans la société à venir, la fédération corporative. Celle-ci sera formée de tous les groupes producteurs appartenant à la même branche de travail ; ils s'unissent, non plus pour protéger leur salaire contre la rapacité des patrons, mais en première ligne pour se garantir mutuellement l'usage des instruments de travail qui sont en possession de chacun des groupes, et qui deviendront, par un contrat réciproque, la propriété collective de la fédération corporative tout entière ; en outre, la fédération des groupes entre eux permet à ceux-ci d'exercer un contrôle constant sur la production, et par conséquent de régler le plus ou moins d'intensité de celle-ci, dans la proportion des besoins qui sont manifestés par la société tout entière.

La constitution de la *fédération corporative* s'opérera d'une façon extrêmement simple. Dès le lendemain de la Révolution, les groupes producteurs appartenant à la même industrie sentiront le besoin de s'envoyer mutuellement des délégués, d'une ville à une autre, pour se renseigner et s'entendre. De ces conférences partielles sortira la convocation d'un Congrès général de délégués de la corporation dans quelque point central. Ce Congrès posera les bases du contrat fédératif, qui sera soumis ensuite à l'approbation de tous les groupes de la corporation. Un bureau permanent, élu par le Congrès corporatif et responsable devant celui-ci, sera destiné à servir d'intermédiaire entre les groupes formant la fédération, de même qu'entre la fédération elle-même et les autres fédérations corporatives.

Une fois que toutes les branches de la production, y compris celles de la production agricole, se seront organisées de la sorte, un immense réseau fédératif, embrassant tous les producteurs et par conséquent aussi tous les consommateurs, couvrira le pays, et la statistique de la production et de la consommation, centralisée par les bureaux des diverses fédérations corporatives, permettra de déterminer d'une manière rationnelle le nombre des heures de la journée normale de travail, le prix de revient des produits et leur valeur d'échange, ainsi que la quantité en laquelle ces produits doivent être créés pour suffire aux besoins de la consommation.

Des gens habitués aux déclamations creuses de cer-

tains prétendus démocrates, demanderont peut-être si
les groupes travailleurs ne devront pas être appelés à
intervenir directement, par le vote de tous ceux qui
composent la fédération corporative, dans la fixation de
ces divers détails; et quand nous aurons répondu néga-
tivement, ils s'écrieront sans doute que c'est là du des-
potisme; ils protesteront contre ce qu'ils appelleront
*l'autorité* des bureaux, investis du pouvoir de trancher
seuls des questions si graves et de prendre des décisions de la plus haute importance. Nous répondrons que
la besogne dont les bureaux permanents de chaque
fédération seront chargés, n'a rien de commun avec
l'exercice d'une autorité quelconque: il s'agit en effet
tout simplement de recueillir et de mettre en ordre les
renseignements fournis par les groupes producteurs; et
une fois ces renseignements réunis et *rendus publics,*
d'en tirer les conséquences qui en découlent nécessairement concernant les heures de travail, le prix de revient
des produits, etc. C'est là un simple calcul d'arithmé-
tique, qui ne peut pas se faire de deux manières différentes, et qui ne peut pas donner deux résultats: il
n'en peut sortir qu'un résultat unique; ce résultat,
chacun pourra le contrôler pour son propre compte,
parce que chacun aura les éléments de l'opération sous
les yeux, et le bureau permanent est simplement chargé
de le constater et de le porter à la connaissance de tous. *)
Aujourd'hui déjà, l'administration des postes, par exem-

---

*) Nous avons dit ailleurs (p. 16) que les associations de producteurs agricoles et
industriels conserveront la faculté de fixer elles-mêmes la durée de la journée de
travail; il n'y a rien là de contradictoire. Les bureaux des fédérations corporatives
font connaître les résultats fournis par la statistique quant à la *moyenne normale*
des heures de travail; et sur cette base, les associations prennent les arrangements
intérieurs qui leur conviennent.

4

ple, remplit un service assez semblable à celui qui sera confié aux bureaux des fédérations corporatives ; et personne ne s'avise de se plaindre d'un abus d'autorité parce que la poste détermine, sans consulter le suffrage universel, la classification et le groupement des lettres en paquets, pour les faire parvenir à destination de la manière la plus expéditive et la plus économique.

Ajoutons que les groupes producteurs formant une fédération interviendront dans les actes du bureau d'une manière bien autrement efficace et directe que par un simple vote : ce sont eux, en effet, qui fourniront tous les renseignements, toutes les données statistiques que le bureau ne fait que coordonner : ensorte que le bureau n'est que l'intermédiaire passif au moyen duquel les groupes communiquent entre eux et constatent publiquement les résultats de leur propre activité.

Le vote est un procédé propre à trancher des questions qui ne peuvent être résolues au moyen de données scientifiques, et qui doivent être laissées à l'appréciation arbitraire du nombre ; mais dans des questions susceptibles d'une solution scientifique et précise, il n'y a pas lieu à voter : la vérité ne se vote pas, elle se constate et s'impose ensuite à tous par sa propre évidence.

Mais nous n'avons montré encore qu'une des moitiés de l'organisation extra-communale : à côté des fédérations corporatives doit se constituer la *Fédération des Communes.*

La Commune étant formée par l'ensemble des travailleurs habitant une même localité, chacun de ces travailleurs se trouve déjà faire partie de l'une ou de l'autre de ces grandes organisations que nous avons appeles fédérations corporatives, au moyen desquelles il est en relation de solidarité avec tous les travailleurs de la branche de production à laquelle il appartient lui-même, dans toute l'étendue de la région que la fédération corporative embrasse. Mais ce travailleur, qui se rattache, dans sa spécialité comme producteur, à telle ou telle corporation, est en même temps membre de sa Commune; et il reste à établir, entre les diverses Communes d'une région, un lien de solidarité du même genre que celui que nous avons vu se nouer entre les groupes corporatifs.

La Fédération des Communes se constituera naturellement, comme les fédérations corporatives, au moyen d'une réunion de délégués, d'un Congrès, où sera discuté et adopté le pacte fédératif. Les Communes se fédèrent entr'elles dans le but de s'entr'aider pour l'institution de certains services publics d'un caractère général, et par conséquent le pacte fédéral aura à déterminer le nombre et la nature de ces services publics, et à fixer les moyens d'exécution.

En première ligne, faisons figurer, parmi ces services publics fédéraux, ceux qui ne sont que le complément des services publics communaux. Ainsi, les comptoirs d'échange des Communes, outre les relations directes qu'ils soutiendront entre eux, auront besoin, pour faciliter leurs opérations, d'un ou de plusieurs comptoirs centraux, chargés plus spécialement des relations internationales; l'organisation de ces comptoirs centraux d'échange sera l'œuvre de la Fédération des Communes.

Tous les comptoirs communaux étant mis en relation les uns avec les autres par l'intermédiaire de ces comptoirs fédéraux, rien ne sera plus facile que d'organiser la circulation et l'acceptation, sur toute l'étendue de la Fédération, et même au dehors, des bons d'échange émis par les comptoirs des diverses Communes. En outre, les comptoirs fédéraux, centralisant tous les renseignements relatifs à la consommation et à la production, fourniront à chaque Commune les indications nécessaires pour régulariser la création des produits et leur écoulement. On ne produira plus, comme aujourd'hui, à l'aventure et par esprit de spéculation ; les produits seront créés à proportion des besoins ; et de la sorte, l'écoulement de tous ces produits étant assuré d'avance, les comptoirs communaux pourront, sans courir aucun risque de perte, remettre immédiatement aux producteurs, sous forme de bons d'échange, la contre-valeur des produits livrés par eux. — Plus tard ce mécanisme se simplifiera encore, lorsque, comme nous l'avons dit, la production étant devenue plus abondante, la distribution pure et simple se sera graduellement substituée à l'échange.

La statistique locale, qui fournira aux bureaux des fédérations corporatives les éléments de leur travail, transmettra aussi à une commission fédérale de statistique, pour être coordonnés et publiés, les renseignements d'intérêt général qu'elle aura recueillis. — Les établissements communaux d'instruction publique seront complétés par des écoles spéciales instituées par la Fédération, où les élèves trouveront, pour continuer leurs études, des ressources que ne leur offriraient pas la plupart des écoles communales.

Viennent ensuite d'autres services, dont nous n'avons pas eu encore l'occasion de parler, et qui sont, par leur nature même, de la compétence de la Fédération des

Communes et non d'une Commune isolée : tels sont la construction, l'entretien et l'administration des chemins de fer et autres voies de communication ; le service des postes et des télégraphes, tout ce qui concerne la manière ; l'organisation d'un système d'assurance entre les Communes, etc.

Chacun de ces services exigera un personnel spécial ; mais ce personnel ne pourra pas former, comme aujourd'hui, une bureaucratie : il se recrutera librement parmi les travailleurs que leurs goûts et leurs aptitudes porteront vers ce genre d'activité. Le travail accompli par les employés des divers services publics sera considéré comme l'équivalent de celui auquel sont occupés les autres travailleurs ; ils choisiront eux-mêmes, par une élection, ceux d'entr'eux qui auront à diriger et à contrôler ce travail, comme cela se fera dans les ateliers ; ensorte que ceux des travailleurs que le choix de leurs collègues aura appelés à diriger tel ou tel service public de la Fédération, ne seront point des magistrats, des membres d'un gouvernement ou d'une autorité quelconque, mais seront choisis de la même façon et placés exactement sur la même ligne que les gérants ou les administrateurs de n'importe quelle association de producteurs.

Toutefois, comme les services publics fédéraux auront été institués dans l'intérêt de la Fédération entière, il y aura lieu pour celle-ci d'élire des commissions de surveillance, chargées de s'assurer que les choses se passent conformément aux décisions prises, et de faire rapport à ce sujet au Congrès des délégués des Communes, qui se réunira à des époques fixes.

Voilà, dans leur extrême simplicité, les seuls rouages

administratifs qu'exigera le fonctionnement régulier d'une vaste Fédération de Communes. Point de gouvernement, de président de la république, de ministres, de préfets, de juges, de magistrats et de fonctionnaires grands et petits. Rien que le mécanisme harmonieux et facile d'une association de producteurs, opérant toujours par les mêmes moyens et en vertu des mêmes principes, qu'il s'agisse de l'organisation d'un atelier, d'une Commune, ou d'une Fédération embrassant des milliers de Communes et des millions de travailleurs.

Ces courtes indications doivent suffire pour qu'on se forme une idée générale du régime que la Révolution substituera à l'Etat politique actuel. A la base, le groupe de producteurs associés, et la fédération locale des divers groupes, la Commune ; puis d'une part, l'union régionale de tous les groupes appartenant à la même branche de production — la *fédération corporative* — et le rapprochement de ces fédérations de producteurs, de manière à former un faisceau embrassant l'ensemble des travailleurs d'une région, groupés par corporations ; et d'autre part, l'union régionale de toutes les Communes — la *Fédération des Communes* — de manière que les travailleurs, qui se sont déjà solidarisés entre eux par catégories de production, se trouvent liés par un nouveau pacte de solidarité plus large et complétant le premier. Voilà ce que doit être la nouvelle organisation sociale.

La Révolution ne peut pas être restreinte à un seul pays : elle est obligée, sous peine de mort, d'entraîner dans son mouvement, sinon l'univers tout entier, du moins une partie considérable des pays civilisés. En effet, aucun pays ne peut, aujourd'hui, se suffire à lui-même ; les relations internationales sont une nécessité de la production et de la consommation, et elles ne sauraient être interrompues. Si, autour d'un pays révolutionné, les États voisins parvenaient à établir un blocus hermétique, la Révolution, restant isolée, serait condamnée à s'éteindre. Ainsi, comme nous raisonnons dans l'hypothèse du triomphe de la Révolution dans un pays donné, nous devons supposer que la plupart des autres pays de l'Europe auront fait leur Révolution en même temps.

Il n'est pas indispensable que, dans tous les pays où le prolétariat aura renversé la domination de la bourgeoisie, la nouvelle organisation sociale installée par la Révolution soit la même dans tous ses détails. Étant données les divergences d'opinion qui se sont manifestées jusqu'à ce jour entre les socialistes des pays germaniques (Allemagne, Angleterre), et ceux des pays latins et slaves (Italie, Espagne, France, Russie), il est probable que l'organisation sociale adoptée par les révolutionnaires allemands, par exemple, différera sur plus d'un point de celle que se seront donnée les révolutionnaires italiens ou français. Mais ces différences n'ont pas d'importance pour les relations internationales : les principes fondamentaux étant les mêmes de part et d'autre, des rapports d'amitié et de solidarité ne peuvent manquer de s'établir entre les peuples émancipés des divers pays.

Il va sans dire que les frontières artificielles créées par les gouvernements actuels tomberont devant la Révolution. Les Communes se grouperont librement entre elles suivant leurs intérêts économiques, leurs affinités de langue, leur situation géographique. Et dans certains pays, comme l'Italie ou l'Espagne, trop vastes pour ne former qu'une seule agglomération de Communes, et que la nature elle-même a divisés en plusieurs régions distinctes, il se constituera sans doute, non pas une Fédération unique, mais plusieurs Fédérations de Communes. Ce ne sera pas là une rupture de l'unité, un retour à l'ancien morcellement en petits Etats politiques isolés et ennemis ; ces diverses Fédérations de Communes, bien que distinctes les unes des autres, ne seront pas isolées : leurs intérêts seront solidaires, elles concluront entr'elles un pacte d'union : et cette union volontaire, fondée sur une utilité réelle, sur une communauté de but et de besoins, sur un échange constant de bons offices, sera bien autrement étroite et solide que l'unité factice de la centralisation politique, établie par la violence et n'ayant d'autre raison d'être que l'exploitation du pays au profit d'une classe privilégiée.

Le pacte d'union ne s'établira pas seulement entre les Fédérations de Communes appartenant à un même pays ; les anciennes frontières politiques étant effacées, toutes les Fédérations de Communes, de proche en proche, entreront dans cette fraternelle alliance, et ainsi se trouvera réalisé, après que les principes de la Révolution auront triomphé dans l'Europe entière, ce grand rêve de la fraternité des peuples qui ne peut s'accomplir que par la Révolution sociale.